THÉÂTRE DE LA MONTANSIER
(PALAIS-ROYAL.)

LE CLUB CHAMPENOIS

A-PROPOS MÊLÉ DE COUPLETS, EN UN ACTE

DE MM. LEFRANC ET LABICHE

Représenté pour la première fois, à Paris, sur le théâtre de la MONTANSIER
(Palais-Royal), le 8 Juin 1848.

Prix : 50 centimes.

PARIS
BECK, ÉDITEUR
RUE GIT-LE-CŒUR, 12
TRESSE, successeur de J.-N. BARBA, Palais-Royal.

1848

LE CLUB CHAMPENOIS

À-PROPOS MÊLÉ DE COUPLETS, EN UN ACTE

DE MM. LEFRANC ET LABICHE

Représenté pour la première fois, à Paris, sur le théâtre de la MONTANSIER
(Palais-Royal), le 8 Juin 1848.

PERSONNAGES.	ACTEURS.
UN MONSIEUR (dans la salle)	MM. ALCIDE TOUSEZ.
GONDINET, instituteur primaire	HYACINTHE.
CASSAGNOL, comédien	LEVASSOR.
PONTCHARRAT, maire	AMANT.
CRÉTINOT, notaire	KALEKAIRE.
BUFFETERY, garde-champêtre	MASSON.
HENRIETTE, nièce de Pontcharrat	Mlle PAULINE.
PAYSANS ET PAYSANNES, UN PETIT NÈGRE (personnage muet)	

La scène se passe, chez Pontcharrat, à Vitry-le-Brûlé, en Champagne.

Le théâtre représente une salle de bal. A droite, un petit orchestre avec instruments appendus au mur. A gauche, un bureau sur une estrade servant de tribune. Porte au fond, à droite, troisième plan, la porte de l'école communale, à gauche, troisième plan, une autre porte, bancs et chaises.

SCENE PREMIÈRE

PONTCHARRAT, HENRIETTE, *puis la voix de Gondinet dans la coulisse.*

PONTCHARRAT, *lisant le journal pendant qu'Henriette travaille.*

République Française... Décret du Gouvernement provisoire. (*Parlé.*) Ah! très bien! ah! très bien! voyons la rente... ça ne monte pas, j'en ai. (*Reprenant le journal.*) Encore un décret, deux décrets, quatre décrets, six décrets... (*Parlé.*) A la bonne heure! voilà un gouvernement qui fonctionne... oui, mais la rente ne monte pas. (*Reprenant le journal.*) Ah! ça c'est une circulaire... j'en ai entendu parler. Ah! très bien! ah! très bien!

HENRIETTE, *travaillant.*

D'abord, vous, mon oncle, vous approuvez tout, toujours... comme sous l'ancien gouvernement...

PONTCHARRAT.

C'est mon devoir, je suis fonctionnaire. Si, comme moi, tu étais maire... maire de Vitry-le-Brûlé en Champagne.

HENRIETTE.

Pour ce que ça vous rapporte.

PONTCHARRAT.

Comment? ce que ça me rapporte!.. d'abord je ne paie pas mes ports de lettres; ensuite je suis le premier magistrat du pays.

AIR : *De sommeiller encor, ma c'ère.*

Sur ma maison un drapeau se balance,
D'un monument ça lui donne l'aspect,
Je promulgue mainte ordonnance
Pendant l'été contre le chien suspect ;
Sur les murs décrétant l'amende
Contre certaines libertés ;
J'inspire au passant qui s'amende
Le respect aux propriétés.

Qu'est-ce que tu veux? Je suis veuf, j'ai de l'ambition et... il n'y a qu'une chose qui me préoccupe.

HENRIETTE.

Quoi donc?

PONTCHARRAT.

Ce sont les instructions du citoyen Farouchot, le sous-secrétaire du sous-commissaire du canton, il m'invite à ouvrir un club pour propager les idées démocratiques.

HENRIETTE.

Eh bien?

PONTCHARRAT.

Eh bien! ils ne mordent pas au club à Vitry-le-Brûlé. Personne ne vient! je leur ai pourtant promis des rafraîchissements. Je leur ai loué une salle de bal, celle-ci. Ah bien oui! la dernière fois, nous étions huit... on bâillait!.. et comme personne ne demandait la parole, j'ai prié Crétinot le notaire, de nous lire quelques pages de l'*Histoire de la grandeur et de la décadence des Romains*... cela fut généralement peu goûté.

HENRIETTE.
Alors, il n'y a pas de votre faute.
PONTCHARRAT.
Je le sais bien... mais Farouchot, le secrétaire du commissaire, peut croire que j'y mets de la tiédeur, et en temps de révolution... c'est plus fort que moi, mais depuis quelque temps, je pense beaucoup aux Girondins... avec ça que je ressemble à André Chénier.
HENRIETTE.
Oh! quelle idée!
PONTCHARRAT.
Une idée de Gondinet... A propos, j'ai une bonne nouvelle à t'apprendre.
HENRIETTE, vivement.
Le retour de mon cousin!
PONTCHARRAT.
Non, je suis sur le point d'obtenir une augmentation de traitement pour Gondinet, notre instituteur primaire et ton fiancé...
HENRIETTE.
Une augmentation à lui, mais à quel titre?
PONTCHARRAT.
A titre de futur neveu, parbleu?.. eh bien! commences-tu un peu à t'y faire... c'est un bien bon jeune homme, va.
HENRIETTE.
C'est possible, mais il n'est pas spirituel.
PONTCHARRAT.
Il a une si belle écriture... c'est lui qui me copie tous mes arrêtés.
HENRIETTE.
Et c'est pour cela que vous le protégez.
PONTCHARRAT.
Je le protège parce qu'il est sobre et continent et j'aime assez qu'un mari soit... c'est une vraie demoiselle.
HENRIETTE.
Et vous voulez me marier avec une demoiselle; mais ça ne se fait pas.
PONTCHARRAT.
Allons, assez, vous raisonnez toujours... est-ce que vous penseriez encore à votre cousin Cassagnol? un mauvais sujet...
HENRIETTE, à part.
Pauvre garçon!
PONTCHARRAT.
Se faire comédien, histrion! lui, le neveu d'un maire!.. quelle page dans l'histoire...
HENRIETTE.
C'est bien votre faute... vous l'avez chassé de chez vous...
PONTCHARRAT.
Je crois bien... un garnement qui avait toujours les bras croisés... autour de ton cou.
HENRIETTE.
Puisque c'est mon cousin.
PONTCHARRAT.
La belle raison!

GONDINET, dans la coulisse.
Au secours? au secours!
PONTCHARRAT.
Ce bruit... dans la classe de Gondinet.

~~~~~~~~~~~~~~~~~~~~~~~~~~~~~~~~~~~~

SCENE II.
PONTCHARRAT, HENRIETTE GONDINET [*].
GONDINET, paraissant avec un martinet à la main et parlant à la cantonade.
Oui, vous êtes des anarchistes! des terroristes! des communistes!
PONTCHARRAT.
Ah! mon Dieu! qu'y a-t-il?
GONDINET.
Père Pontcharrat! l'hydre de l'anarchie est entrée dans mon école! ma chaire a été violée!
PONTCHARRAT.
Vous m'effrayez.
GONDINET.
C'est encore la faute de Marmadou... c'est toujours la faute de Marmadou?
PONTCHARRAT.
Qui ça?..
GONDINET.
Un de mes élèves, le chef de la montagne, un gueux, un brigand, un scélérat! je ne peux pas le regarder sans frémir!.. ah!
PONTCHARRAT.
Quel âge a-t-il?
GONDINET.
Mais il va avoir huit ans...
HENRIETTE, à part.
Il ne lui manquait plus que d'être poltron.
GONDINET.
Voici le récit de l'attentat. Conformément au 273e décret du gouvernement provisoire qui nous enjoint de donner aux enfants une éducation civique et militaire, je lui demande avec bienveillance : « Citoyen Marmadou, qu'entendez-vous par venir reconnaître *trouille !* » savez-vous ce qu'il me répond?
PONTCHARRAT.
Non.
GONDINET.
Il me répond : zut!.. aussitôt je saisis le glaive de la justice, mon martinet, et je le lui applique...
PONTCHARRAT.
Une danse?
GONDINET.
Non, un pensum, je lui applique deux fois le verbe : *Je réponds zut au bon M. Gondinet, qui m'interroge avec bienveillance.*
PONTCHARRAT.
Voilà un verbe!
GONDINET.
Au même instant une grêle de dictionnaires,

[*] H., G., P.

de catéchismes et d'encriers me pleut sur la tête... je proteste avec énergie et je m'éclipse...

HENRIETTE.

Avec énergie! Monsieur Gondinet est en déroute.

GONDINET.

Momentanément; et si c'était un effet de votre bonté...

HENRIETTE

Quoi donc?

GONDINET.

Vous savez... comme la dernière fois... des échaudés, ça les calme.

PONTCHARRAT.

Comment! vous transigez avec l'émeute!

GONDINET.

Quand elle est la plus forte.

AIR : *Les Anguilles.*

Résister au flot populaire
C'est la politique des sots,
La fortune toujours préfère
Celui qui sait fuir à propos,
Demandez à maint personnage
Son secret pour rester sur l'eau :
Il se cache pendant l'orage,
Et reparaît quand il fait beau.

HENRIETTE, *prenant une corbeille d'échaudés.*

Dans un quart-d'heure tout sera rentré dans l'ordre. (*A part, en sortant.*) Je ne pourrai jamais épouser cet homme-là ! (*Elle sort à droite.*)

SCÈNE III.

PONCHARRAT, GONDINET*.

GONDINET.

Aimable enfant !

PONTCHARRAT.

Gondinet, veux-tu que je te le dise, je te trouve tiède avec ma nièce.

GONDINET.

Moi, père Pontcharrat, je suis au comble ; d'abord on n'épouse pas la nièce d'un maire sans être au comble !... généralement.

PONTCHARRAT.

Ambitieux !

GONDINET.

Et puis par ce mariage, j'échappe aux poursuites de la veuve Tropical.

PONTCHARRAT, *à part.*

Nous y voilà. (*Ému.*) Ah ça ! cette veuve... te fait donc toujours des agaceries...

GONDINET.

Vous appelez ça des agaceries... mais c'est un brochet, c'est une louve affamée qui me suit pas à pas pour me... (*Il frissonne.*) brrr !

* P., G.

PONTCHARRAT, *de même.*

Brrr ! (*A part.*) Est-il heureux. (*Haut.*) Gondinet, tu devrais lui faire comprendre que ce qu'il lui faut à son âge, c'est un homme mûr, un homme tranquille.

GONDINET.

Elle ne le comprendrait pas.

PONTCHARRAT.

Cependant, à quarante ans.

GONDINET.

Père Pontcharrat, il y a des femmes brunes qui n'ont jamais quarante ans... et celle-ci vous a des yeux !

PONTCHARRAT.

Ah !

GONDINET.

Qui vous égrugent !

PONTCHARRAT.

A trois pas! je l'ai remarqué...

GONDINET.

C'est plus fort que moi, quand je rencontre cette femme puissante...

PONTCHARRAT, *avec passion.*

Vésuvienne ! appelle la Vésuvienne !

GONDINET.

Soit, mon sein s'agite, mes jambes se dérobent... et je deviens rouge comme une grenade en fleur...

PONTCHARRAT, *vivement.*

Gondinet, nous signerons le contrat ce soir et dans huit jours tu seras le mari d'Henriette.

GONDINET.

Avec plaisir ; au moins, celle-là, je peux la regarder, ça ne me fait rien du tout.

PONTCHARRAT.

Et si tu rencontres la veuve Tropical, tu me promets...

GONDINET.

De me sauver.

PONTCHARRAT.

Oh ! merci !

GONDINET.

Hein ?

PONTCHARRAT.

Merci pour ma nièce... chut ! la voici.

SCÈNE IV.

PONTCHARRAT, GONDINET, HENRIETTE**.

HENRIETTE, *à Gondinet.*

Monsieur, vos élèves, oubliant le passé, consentent à vous recevoir.

GONDINET.

Comment, vous êtes parvenue à les apaiser?

HENRIETTE.

Tout de suite**.

* P., H., G.
** H., P., G.

GONDINET, *à part.*
Quel chic elle a pour fermer l'abîme des révolutions !

PONTCHARRAT, *à Gondinet.*
Allez, mon ami, moi, je cours chez Crétinot le notaire, et de là chez tous nos parents et amis, pour la signature.

HENRIETTE.
Quelle signature?

PONTCHARRAT.
Celle du contrat... c'est pour ce soir.

HENRIETTE.
Est-il possible !

PONTCHARRAT.
On dansera... j'invite tout le village.

CHŒUR.
Air : *Moi, vous céder la place.* (Frisette.)
Pour qu' légalité brille
Pas d'exclusions du tout,
Tout l' monde est d' notr' famille,
Nos amis sont partout.

(*Pontcharrat sort par le fond, et Gondinet entre à droite.*)

SCENE V.
HENRIETTE, *puis* CASSAGNOL, DES COMMISSIONNAIRES.

HENRIETTE, *seule.*
Pour ce soir... que faire ?.. et mon cousin qui n'arrive pas... Je lui ai pourtant écrit pour le prévenir de ce mariage. Le pauvre garçon ! il n'ose plus se présenter ici... mon oncle l'en a chassé si durement, et il est si timide...

CASSAGNOL, *dans la coulisse.*
Ohé ! la maison, ohé !

HENRIETTE.
Ciel! cette voix !.. (*Cassagnol fait son entrée, suivi de deux commissionnaires chargés de malles. Cassagnol précède le cortége en moulinant avec sa canne, à la façon des tambours-majors.*)

CASSAGNOL, *chantant.*
Quand les cannes vont aux champs
La première va devant,
La seconde suit la première,
La troisième est la dernière.
Quand les cannes.....

(*Aux commissionnaires qui exécutent le mouvement.*) Halte !.. front !

HENIETTE.
Cassagnol !

CASSAGNOL.
Henriette !

HENRIETTE.
Enfin te voilà !

C., H.

CASSAGNOL.
Avec armes et bagages. Où est mon oncle ?

HENRIETTE.
Sorti !

CASSAGNOL.
Brave homme ! (*Aux commissionnaires.*) Entrez là. (*Ils entrent à gauche.*)

HENRIETTE.
Que fais-tu ?

CASSAGNOL
Je m'installe.

HENRIETTE.
Mais toutes ces malles ?

CASSAGNOL.
Le nécessaire du voyageur, mes costumes, j'arrive de Périgueux.

HENRIETTE.
Tu as reçu ma lettre ?

CASSAGNOL.
J'étais au théâtre, j'allais entrer en scène. Je jouais *Tartuffe.* Au premier mot, je comprends qu'il s'agit d'un rival. Je plante là la boutique, je cours chez moi, je fais mes paquets et me voilà.

HENRIETTE.
Tu allais entrer en scène ? eh bien ! et le public?

CASSAGNOL.
Tiens, c'est juste... Oh ! ils auront remplacé mon rôle par une chansonnette.

HENRIETTE.
Le rôle de Tartuffe !

CASSAGNOL.
Bah !... au milieu des préoccupations politiques on ne s'en sera pas aperçu.

HENRIETTE.
Mais que vas-tu dire à mon oncle ?

CASSAGNOL.
Moi ? je lui dirai... salut et fraternité.

HENRIETTE.
Il sera furieux.

CASSAGNOL.
Alors je lui demanderai ta main... ça le calmera.

HENRIETTE.
Il te la refusera.

CASSAGNOL.
Alors je te compromettrai.

HENRIETTE, *naïvement.*
Comment cela ?

CASSAGNOL.
Comment ?... Henriette, y a-t-il des noisettes dans les bois de Vitry-le-Brûlé ?

HENRIETTE.
Oui.

CASSAGNOL.
Très bien. (*A part.*) Nous en cueillerons.

HENRIETTE.
Mais je ne te reconnais plus... quel changement depuis six mois... Toi, si timide...

CASSAGNOL.
Qu'est-ce que tu veux ? l'air de la Dordogne... l'atmosphère des coulisses...

Air du *Magnétisme*.

Lorsque j'ai quitté le village
Les yeux baissés, la bouche en cœur,
J'étais fort bête pour mon âge,
Mais, depuis, vois, quel air vainqueur,
Je parle haut, j'ai de l'aisance,
Beaucoup d'aplomb, beaucoup d'acquit;
Au besoin, j'ai de l'insolence,.
Et ça passe pour de l'esprit.
    Lorsque l'on pose
    Et que l'on cause,
    Sur toute chose,
    A tout propos,
    Quel avantage!
    Sur l'homme sage
    On a l' suffrage
    De tous les sots.
Or, dans ce temps-ci l'on peut faire
Sa pelotte avec rapidité,
Lorsque l'on a pour soi, ma chère,
L'appui de la majorité.

Ah! mon Dieu!

HENRIETTE.

Quoi donc?

CASSAGNOL.

J'ai oublié de te saluer en entrant. (*Il l'embrasse.*)

GONDINET, *sortant de la classe et l'apercevant.*

Ah!

HENRIETTE.

Monsieur Gondinet! (*Elle se sauve à gauche.*)

SCÈNE VI.
CASSAGNOL, GONDINET *.

CASSAGNOL, *à part.*

Il paraît que c'est là le Gondinet.. il m'a vu.

GONDINET.

Monsieur, j'ai le droit de m'étonner...

CASSAGNOL.

C'est à monsieur Gondinet que j'ai l'honneur...

GONDINET.

Oui, Monsieur, mais tout à l'heure, en entrant.

CASSAGNOL.

Moi, Monsieur, je me nomme Olivier, Olivier de Cassagnol.

GONDINET.

Tout à l'heure, en entrant...

CASSAGNOL.

Ma jeunesse n'eut rien de remarquable; je fis mes études à l'université d'Oxford.

GONDINET.

Mais ça ne m'explique pas pourquoi...

CASSAGNOL.

Mon père, vieux marin...

GONDINET.

Pourquoi vous embrassiez...

CASSAGNOL.

La carrière militaire?...

* H., C.
** C., G.

GONDINET.

Mais non, ma femme, ma prétendue, Henriette!

CASSAGNOL.

Henriette! Monsieur préfère-t-il que nous parlions anglais?

GONDINET, *à part.*

Ah! il est stupide ce voyageur.

SCÈNE VII.
CASSAGNOL, GONDINET, PONTCHARRAT *.

PONTCHARRAT, *entrant par le fond, une lettre à la main.*

Mais c'est absurde! ça pas pas de nom! c'est de la tyrannie!

CASSAGNOL, *voulant l'embrasser.*

Cher oncle... permettez-moi...

PONTCHARRAT.

Cassagnol!.. que le diable t'emporte! d'où viens-tu? Je n'ai pas le temps de te mettre à la porte... mais ça se retrouvera.

CASSAGNOL.

Merci. (*A part.*) Je m'attendais à être plus mal reçu.

GONDINET, *bas, à Pontcharrat.*

Dites donc, j'ai surpris cet étranger embrassant votre nièce.

PONTCHARRAT.

Il s'agit bien de cela. Gondinet, Cassagnol, donnez-moi un conseil.

CASSAGNOL.

Qu'y a-t-il?

PONTCHARRAT.

Il y a que je suis en butte aux haines du pouvoir. Mes amis, je suis la victime des proconsuls, je viens de recevoir une lettre de Farouchot... c'est la troisième... écoutez. (*Lisant.*) « Citoyen
« maire, je prends la plume pour vous dire que la
« moutarde me monte, vous flanquez-vous de la
« République? »

GONDINET.

C'est bien écrit.

PONTCHARRAT, *continuant.*

« Pour la troisième et dernière fois, convoquez
« votre club, nom d'un nom! »

CASSAGNOL.

Style administratif.

PONTCHARRAT, *continuant.*

« Les élections approchent. Si vous n'avez pas
« aujourd'hui même entendu des candidats pen-
« dant deux heures au moins, je me propose de
« vous la faire danser.
    « Salut et fraternité!
    « *Signé* FAROUCHOT. »

GONDINET.

Tiens! j'ai connu un cordonnier de ce nom-là.

CASSAGNOL.

Un cordonnier! allons donc! il y mettrait des formes.

* C., P., G.

PONTCHARRAT.

Malheureux!.. tu fais des mots sur les hommes en place...

CASSAGNOL.

Pourquoi pas?

Air :

Quand sous les coups du bon sens irrité
Tombe à jamais, maint et maint privilége,
Il en est un, celui de la gaîté,
Que le Français malin avec raison protége.
Du quolibet les droits sont constatés,
Qui donc voudrait aujourd'ui les proscrire?
En proclamant toutes les libertés
N'oublions pas la liberté de rire.
Ah! gardons bien la liberté de rire.

PONTCHARRAT.

Rire! lorsqu'un Farouchot se propose de vous la faire danser, c'est très élastique ce mot-là, et en temps de révolution... ces diables de Girondins ne me sortent pas de la tête.

CASSAGNOL.

Convoquez votre club.

PONTCHARRAT.

Si tu crois que c'est facile. Et puis, où se procurer des candidats; la Champagne en manque.

CASSAGNOL.

Ah! voilà un pays privilégié.

GONDINET.

Qu'est-ce que vous dites donc? il y en a trois dans le canton.

PONTCHARRAT.

Lesquels?

GONDINET.

Nous avons d'abord Jean-Louis, dit le Corynthien, un ouvrier; puis le citoyen Grand-Bagout, un économiste; et enfin, l'illustre général Chauvinancourt, et...

PONTCHARRAT.

Les connais-tu?

GONDINET.

Non.

PONTCHARRAT.

Ni moi non plus. D'ailleurs, ils ne se dérangeraient pas pour nous... Ah! il y a des moments où je comprends l'émigration; mes amis, si nous partions pour Coblentz.

GONDINET.

Et mon école!

PONTCHARRAT.

Ah! à celui qui m'apporterait des candidats, vois-tu, je donnerais...

CASSAGNOL.

Quoi?

PONTCHARRAT.

Mille poignées de main!

CASSAGNOL.

Tout ça!.. je vais me coucher. (*Fausse sortie.*)

PONTCHARRAT, *le ramenant*.

Comment? est-ce que tu aurais un moyen?

CASSAGNOL.

Peut-être?

GONDINET.

Voyons.

PONTCHARRAT.

Parle, que veux-tu? ma fortune? Non, je te ferai faire mon portrait à l'huile.

CASSAGNOL.

J'ai horreur des corps gras... je vais me coucher. (*Même jeu.*)

PONTCHARRAT, *le ramenant*.

Malheureux! parle, mais que veux-tu?

CASSAGNOL.

Je veux... je veux la main de ma cousine.

GONDINET.

Eh bien! et moi?

PONTCHARRAT.

C'est impossible... j'ai promis à Gondinet...

CASSAGNOL.

Alors, que Gondinet vous sauve... ça le regarde.

PONTCHARRAT.

C'est juste... ça le regarde, Gondinet... sauve-moi... as-tu une idée?

GONDINET, *cherchant*.

Pas encore.

PONTCHARRAT, *à part*.

Ah! mon Dieu! d'un côté la veuve Tropical... de l'autre, Farouchot... (*Haut.*) As-tu trouvé ton idée, Gondinet?

GONDINET, *de même*.

Pas encore.

PONTCHARRAT.

J'en suis fâché; mais le devoir d'un maire est de se conserver à ses administrés; en conséquence, je vais rendre un arrêté : Celui de vous deux qui m'amènera le plus de candidats épousera ma nièce.

CASSAGNOL.

Tope! ça va! enfoncé Gondinet!

GONDINET.

Ah! c'est comme ça... Eh bien! j'accepte le défi; je relève le gant.

CASSAGNOL.

Bravo!

GONDINET.

Le temps de donner congé à ma classe... j'enfourche le cheval du brigadier et fouette cocher!

PONTCHARRAT.

Partez, jeunes combattants!... la lice est ouverte!

CHŒUR.

Air : *Il faut courir v te.* (Cœur de Grand'Mère.)

Sans vous arrêter, courez vite, bien vite,
A vaincre un rival ici tout vous invite.

Songez que pour prix de ce tournoi d'amour
Une jeune beauté vous attend au retour.
(*Gondinet sort par la droite, et Cassagnol par la gauche.*)

SCENE VIII.
PONTCHARRAT, *puis* CRÉTINOT.

PONTCHARRAT, *seul*.

Ce Cassagnol pourrait bien l'emporter ; il est remuant, il est intrigant... Eh bien ! je fais des vœux pour lui.. Oui, je me ferais un malin plaisir de lui manquer de parole... quant à Gondinet, il sera mon neveu... quant à la veuve Tropical, par Vénus! elle sera ma proie*.

CRÉTINOT, *entrant par le fond en lisant le journal*.

C'est une infamie !...

PONTCHARRAT, *à part*.

Ah ! Crétinot, le notaire, il vient pour le contrat.

CRÉTINOT, *de même*.

C'est une infamie... un pareil décret !

PONTCHARRAT, *à part*.

Il est toujours furieux.

CRÉTINOT.

C'est une infamie ! C'est une infamie !

PONTCHARRAT.

Qu'avez-vous donc ?

CRÉTINOT, *indigné*.

Ils viennent de supprimer les bonnets à poil !

PONTCHARRAT.

Eh bien ! après ?

CRÉTINOT.

Et c'est quand nous venons de faire une révolution au nom de la liberté ? (*Avec dégoût.*) Ah !

PONTCHARRAT.

Qu'est-ce que ça vous fait, puisque vous êtes chasseur.

CRÉTINOT.

Du tout. Je viens d'envoyer ma démission ; maintenant, je suis grenadier.

PONTCHARRAT.

Mais il n'y en a plus.

CRÉTINOT.

Il y en aura un pour protester ; et l'on inscrira sur ma tombe : Crétinot, dernier grenadier de France !

PONTCHARRAT, *à part*.

Quel notaire biscornu !

CRÉTINOT, *très animé*.

Pontcharrat, rappelez-vous ce que je vous dis : le corps social est en dissolution... nous touchons au bas-empire.

PONTCHARRAT.

Comment... parce que les bonnets à poil...

CRÉTINOT, *de même*.

Rappelez-vous ce que je vous dis : le corps social...

* P., C.

PONTCHARRAT.

Il ne s'agit pas de cela, j'ai une grande nouvelle à vous annoncer... une nouvelle qui va vous étonner.

CRÉTINOT.

Je ne m'étonne plus de rien.

PONTCHARRAT.

Nous allons entendre des candidats.

CRÉTINOT.

Ah bah !

PONTCHARRAT.

Ici, aujourd'hui même.

CRÉTINOT.

Où sont-ils?...

PONTCHARRAT.

On court après.

CRÉTINOT.

Ils ne viendront pas.

PONTCHARRAT.

Pourquoi ?

CRÉTINOT.

Qu'est-ce que c'est que Vitry-le-Brûlé pour ces messieurs... et nous venons de faire une révolution au nom de l'égalité !.. Ah !...

SCENE IX.
PONTCHARRAT, CRÉTINOT, BUFFETERY*.

BUFFETERY.

Monsieur le maire ! Monsieur le maire !

PONTCHARRAT.

Buffetery ! le garde-champêtre... que veux-tu ?

BUFFETERY.

C'est un candidat. M. Jean-Louis dit le Corynthien, qui se présente de la part de M. Cassagnol.

PONTCHARRAT, *avec joie*.

Un candidat ! Crétinot ! un candidat ! (*A Buffetery.*) fais-le entrer... non, attends! je vais passer un habit... Ah ! mon Dieu !

CRÉTINOT.

Qu'avez-vous ?

PONTCHARRAT.

Et l'auditoire, le public ! nous n'avons pas de public ! j'ai oublié le public... Que faire ? (*Ritournelle en sourdine du chœur qui va suivre.*)

PONTCHARRAT.

Qu'est-ce que c'est que ça ?

BUFFETERY, *au fond*.

Vos invités qui viennent pour les fiançailles.

PONTCHARRAT.

La noce ! c'est le ciel qui l'envoie... Tiens-toi près de la porte et pas un mot.

* P., B., C.

SCÈNE X.

PONTCHARRAT, CRÉTINOT, BUFFETERY, Les invités, Paysans et paysannes.

CHOEUR DES INVITÉS.

Air de *Ton roi, je le dois*. (Homme sans uni. Gymnase.)

A l'appel
Solennel
D'un magistrat paternel,
Nous voici
Tous ici
Prêts à danser avec lui.

PONTCHARRAT.

Si j'avais de la fortune
Je voudrais de deux jours l'un
Voir ainsi tout' ma commune,
Chez moi s'ébattre... en commun.

PONTCHARRAT.

Êtes-vous tous entrés?

LES INVITÉS.

Tous.

PONTCHARRAT.

Très bien. Je vais rendre un arrêté : Buffetery, ferme la porte et que personne ne sorte.

BUFFETERY, *dans le fond*.

On me passera plutôt sur le corps!

LES INVITÉS.

Qu'est-ce que cela veut dire.

PONTCHARRAT.

Chers concitoyens! je vous ai ménagé une surprise. Depuis longtemps la commune de Vitry-le-Brûlé, brûlait... d'entendre des candidats.

UN PAYSAN *à son voisin*.

Des candidats? qu'est-ce que c'est que ça?

LE PAYSAN.

C'est des escamoteurs.

PONTCHARRAT.

J'ai pensé qu'il était de mon devoir, moi, votre père... et maire, de vous procurer l'objet, et vous allez être admis à le juger. Le club est assemblé.

UN INVITÉ.

Le club?

UN AUTRE.

C'est une trahison.

TOUS, *murmurant*

Pas de club! pas de club!

UNE FEMME.

Nous sommes venus pour danser, et nous voulons danser.

PONTCHARRAT.

Citoyens...

TOUS.

Non, non, allons-nous-en. (*Ils font mine de se retirer.*)

BUFFETERY, *à la porte, sabre en main*.

On me passera plutôt sur le corps.

(*Tous les invités reviennent en scène.*)

PONTCHARRAT.

La séance est ouverte. (*Il prend place au bureau avec Crétinot et les paysans se rangent sur les bancs.*) Faites entrer le citoyen Jean-Louis, dit le Corynthien, ouvrier. (*Buffetery disparaît.*) Citoyens, c'est un ouvrier, c'est un frère que vous allez entendre, respect à son langage simple et rustique, respect à sa blouse maculée par le travail! à cette blouse que... à cette blouse qui... (*Tout à coup.*) Faites donc entrer le candidat.

SCÈNE XI.

Les mêmes, CASSAGNOL, *sous le nom du Corynthien; il est habillé avec beaucoup de recherche; lorgnon à l'œil, gants jaunes, bottes vernies*.

TOUS, *assis*.

Tiens! un Monsieur!

CASSAGNOL, *à part*.

Je n'ai pas trouvé de blouse dans ma garde-robe.

PONTCHARRAT, *au Corynthien*.

Pardon... mais nous attendions un ouvrier.

CASSAGNOL.

Je suis aux ordres de l'assemblée.

PONTCHARRAT.

Comment! vous êtes?..

CASSAGNOL, *lorgnant le président*.

Tailleur de pierre.

PONTCHARRAT.

Ah! pardon!.. je vous prenais pour un diplomate... veuillez prendre la peine de monter à la tribune.

TOUS.

Oui, à la tribune... à la tribune...

CASSAGNOL.

Citoyens!.. (*Toussant.*) Hum! hum! (*Il tire une tabonnière.*) Je vous demanderai la permission de prendre un jujube. Citoyens! fils d'ouvrier, ouvrier moi-même... j'ai toujours manié la pioche et le marteau. Si vous me demandez mes titres à moi, pauvre prolétaire? je vous répondrai en vous montrant ces mains calleuses. (*Un paysan qui est à côté de lui se lève et regarde ses mains; il les cache derrière son dos.*) Usées par le travail; ces bras tatoués par la souffrance...

UNE VOIX, *dans le fond*.

Faites-les voir.

TOUS.

Oui, oui, oui.

CASSAGNOL.

Ah! que ne puis-je me mettre à nu devant mes frères?

PONTCHARRAT.

Le candidat veut-il que le bureau statue?

* C. — Cr., P., *à l'orchestre*.

SCÈNE XII.

CRÉTINOT.

Je m'y oppose au nom de ces dames?

CASSAGNOL.

Citoyens! (*Il tousse.*) hum! hum! (*Ouvrant sa bonbonnière.*) Je vous demanderai la permission de prendre un second jujube?

CRÉTINOT, *bas à Pontcharrat.*

Il en abuse!

PONTCHARRAT, *à Crétinot.*

Je le crois phtisique, ce tailleur de pierre.

CASSAGNOL.

Citoyens! je ne suis qu'un pauvre ouvrier... excusez mon langage abrupte, je ne me suis point exercé dans ces brillants tournois de la parole; je n'ai point étudié l'éloquence, cet art si difficile, *ars difficilis*, comme l'appelle Cicéron.

CRÉTINOT.

Il parle latin... eh bien! il doit mal tailler la pierre.

CASSAGNOL.

Travailleurs! je connais vos misères, j'ai sondé vos souffrances, j'ai su les partager, et à moi seul il appartient... (*Il s'arrête et respire un flacon.*)

PONTCHARRAT.

Que faites-vous donc?

CASSAGNOL.

Permettez que je respire quelques sels?

CRÉTINOT, *avec déférence.*

Oh! l'impôt est aboli.

UN PAYSAN.

Ça un ouvrier, excusez!

CASSAGNOL.

Pendant ce laps, je vais vous faire distribuer quelques circulaires... (*Appelant.*) Domingo! Domingo. (*Un petit nègre entre et va se placer à la droite de Cassagnol.*) Répandez mes circulaires dans les groupes.

PONTCHARRAT, *à part.*

Il possède un nègre.

CASSAGNOL, *au nègre qui ne bouge pas.*

Mais va donc! (*Il lui lance un coup de pied.*)

CRÉTINOT.

Je demanderai l'opinion du candidat pour l'émancipation des noirs.

CASSAGNOL.

Quelle que soit sa couleur, l'homme est un frère; tendons-lui une main secourable. (*Second coup de pied.*) Mais va donc! (*Le nègre distribue des papiers et sort.*)

CRÉTINOT, *à part.*

Il appelle ça une main secourable.

UNE VOIX.

C'est pas un ouvrier! à bas!

TOUS.

Oui, à bas! à bas!

PONTCHARRAT.

Citoyens, ces doutes sont injurieux pour le candidat... votre bureau ne les partage pas. (*A Cassagnol.*) Veuillez nous montrer votre livret.

CASSAGNOL, *se peignant les favoris.*

Qu'est-ce que c'est que ça?

PONTCHARRAT.

Comment! vous n'êtes donc pas tailleur de pierre?

TOUS, *mouvement.*

Non, non.

CASSAGNOL.

Permettez... je le fus au sortir du berceau... à l'âge de sept ans... et le serai toujours... de cœur!

TOUS.

Ah! ah! ah!

CASSAGNOL.

Mon père, ancien notaire...

CRÉTINOT.

Vous nous avez dit qu'il était ouvrier.

CASSAGNOL.

Eh bien!... ouvrier notaire.

TOUS.

A bas! à bas!

CASSAGNOL.

Mon père ouvrier notaire me fit faire les plus brillantes études, et bientôt je dus entrer à la Cour des comptes en qualité d'ouvrier référendaire.

TOUS, *se levant avec une explosion de murmures.*

Ah! ah!

CASSAGNOL, *se précipitant de la tribune.*

Et ce titre d'ouvrier je n'en rougis pas, il fait ma gloire! c'est ma noblesse, à moi!

UNE VOIX.

C'est un blagueur! à la porte.

TOUS.

Oui, oui, à la porte! à la porte! (*On l'enlève et on le jette à la porte.*)

CASSAGNOL, *au milieu du hourra général.*

Ma vie tout entière!... fils de mes œuvres... sorti du peuple... c'est à la sueur de mon front.. (*Au fond.*) Allez au diable!

SCÈNE XII.

LES MÊMES, *moins* CASSAGNOL, *puis* GONDINET*.

PONTCHARRAT.

Je vais mettre aux voix la candidature...

TOUS.

Non, non.

PONTCHARRAT.

Pour la régularité... (*A part.*) Ça me fera gagner du temps. (*Haut.*) Que ceux qui sont d'avis...

GONDINET, *entrant*.

Monsieur Pontcharrat, Monsieur Pontcharrat!..
(*Les paysans se forment en groupe au fond. Crétinot se joint à eux.*)

PONTCHARRAT.

Gondinet ! nous amènes-tu quelqu'un ?

GONDINET.

Attendez.. ce cheval est d'un dur ! j'ai la rate.. dites donc, j'ai rencontré la veuve Tropical... la Vésuvienne...

PONTCHARRAT.

Ah ! mon Dieu !

GONDINET.

Heureusement que j'étais à cheval... j'ai piqué des deux... C'est égal, c'est une belle gaillarde. Ah ça ! je viens de chez le Corynthien, il ne viendra pas. (*Crétinot redescend.*)

PONTCHARRAT.

Ah bah !

GONDINET.

Il se pose les sangsues !

CRÉTINOT.

Farceur ! il sort d'ici.

GONDINET.

Comment !

PONTCHARRAT.

Envoyé par Cassagnol.

GONDINET.

Cassagnol! Pristi! je remonte sur mon bidet, je cours chez Grand-Bagout et je le ramène... en croupe! (*A part, en sortant.*) Ah ! c'est égal, c'est une belle gaillarde ! (*Il sort.*)

SCÈNE XIII.

PONTCHARRAT, CRÉTINOT, BUFFETERY, LA NOCE, UN MONSIEUR, *dans la salle*.

PONTCHARRAT.

Je vais mettre aux voix la candidature...

UN MONSIEUR, *se levant dans une avant-scène de gauche*.

Je demande la parole.

PONTCHARRAT.

Que voulez-vous ?

LE MONSIEUR.

La parole... c'est pour un renseignement... j'arrive et... Y a-t-il longtemps que le club est commencé?...

PONTCHARRAT.

Adressez-vous à l'ouvreuse.

LE MONSIEUR

Permettez... je ne suis point un étranger, je suis Champenois, je suis venu à Paris pour voir les clubs.

PONTCHARRAT.

Mais, Monsieur !...

LE MONSIEUR.

En débarquant, je tombe sur votre affiche :

* C. G. P.

Club champenois... Je me dis : fameux, voilà mon affaire... (*Mettant sa main sur ses yeux et regardant le public.*) C'est drôle, je ne vois personne de chez nous. (*A Pontcharrat.*) Dites-donc, il est cher, votre club...

PONTCHARRAT.

Ah ça ! Monsieur, quand vous aurez fini...

LE MONSIEUR, *avec énergie*.

Je demande la parole pour un fait personnel... (*Naturellement.*) Pouvez-vous me dire si le Muséum est ouvert le samedi ?

PONTCHARRAT.

Eh ! Monsieur, vous n'êtes pas dans un bureau de renseignements... demandez à l'ouvreuse.

LE MONSIEUR.

A l'ouvreuse !... Merci ! (*Il disparaît.*)

PONTCHARRAT.

Que ceux qui sont d'avis d'admettre la candidature du citoyen Jean-Louis, veuillent bien lever la main. (*Tous lèvent la main.*)

CRÉTINOT.

Je demande la contre-épreuve.

PONTCHARRAT.

C'est de droit.. que ceux qui sont opposés à la candidature veuillent bien lever la main. (*Tous lèvent la main.*) Nous voilà fixés.

LE MONSIEUR, *reparaissant*.

Pardon... je viens de demander à l'ouvreuse... elle ne sait pas.

PONTCHARRAT.

Monsieur, au nom du ciel, laissez-nous continuer. (*Aux invités.*) Quelqu'un demande-t-il le scrutin ?

UN PAYSAN.

Qu'est-ce que c'est que ça ?

LE MONSIEUR, *expliquant*.

On appelle scrutin un chapeau de feutre...

PONTCHARRAT.

Encore une fois, Monsieur, je vous prie de vous taire.

LE MONSIEUR.

Ah !.. je croyais pouvoir me permettre... comme compatriote, comme Champenois... (*Il se rassied.*) Ça suffit. (*A part.*) Il est rageur, ce président.

PONTCHARRAT.

Quelqu'un demande-t-il la parole ?

LE MONSIEUR, *au public*.

Comment ? il me l'ôte, et... il ne sait pas présider, cet homme-là.

PONTCHARRAT.

Si personne ne demande la parole, le citoyen Crétinot va nous lire quelques pages de l'*Histoire de la grandeur et de la décadence des Romains*.

TOUS, *avec véhémence*.

Non ! non ! nous n'en voulons pas...

UNE VOIX.

Levez la séance.

PONTCHARRAT.
C'est impossible... il n'y a encore qu'une demi-heure... nous attendons des candidats

UN PAYSAN, *bâillant.*
Ah! que c'est embêtant!

LE MONSIEUR, *gouaillant.*
Ah! ce club!

PONTCHARRAT.
Voyons, citoyens, demandez la parole... un peu de complaisance, que diable! voyons... citoyens. (*A part.*) Je ne pourrai jamais faire durer ça deux heures. (*Haut.*) Citoyens!..(*Tout à coup.*) Allons! les femmes peuvent parler!

TOUTES LES FEMMES, *à la fois.*
Nous voulons danser, nous sommes venues pour danser, nous danserons. (*On ne s'entend plus. Le président agite sa sonnette.*)

PONTCHARRAT.
Je retire la parole aux femmes. C'est indécent! (*Aux hommes.*) Voyons, citoyens... il y a des questions importantes à l'ordre du jour... Qui est-ce qui demande la parole?

LE MONSIEUR, *à part.*
Il me fait de la peine! (*Se levant.*) Allons, je la demande.

PONTCHARRAT, *avec colère.*
Pour la troisième fois, Monsieur, vous n'avez pas le droit d'interrompre...

LE MONSIEUR.
Moi! j'interromps?.. personne ne parle!.. (*A part.*) Décidément le bureau m'est hostile. (*Haut.*) Citoyens, je ne suis point un orateur... mon père, ancien carbonari...

CRÉTINOT.
Ro!

LE MONSIEUR.
Plait-il?

CRÉTINOT.
Ro!

LE MONSIEUR.
Ro! (*Avec indignation.*) Oh! oh! mais, président, cet homme manque à l'assemblée!

CRÉTINOT.
On ne dit pas un carbonari, on dit un carbonaro.

LE MONSIEUR.
Ah!... c'est possible, je ne suis point un orateur. (*Au public.*) Je vous disais donc que mon père, membre de la société des Carbonaro.

CRÉTINOT.
Ri!

LE MONSIEUR.
Plait-il?

CRÉTINOT.
Ri! on ne dit pas les carbonaro, on dit les carbonari.

LE MONSIEUR.
Ah ça! qu'est-ce qu'il a donc à m'asticoter celui-là... Ro! Ri! voulez-vous me laisser tranquille, vieux serpent à sonnettes! Tenez, vous m'ennuyez... je vais boire une choppe... (*Il disparaît.*)

SCENE XIV.

LES MÊMES, *moins le Monsieur,* HENRIETTE, *puis* CASSAGNOL, *sous le nom de* GRAND-BAGOUT.

HENRIETTE, *entrant vivement.*
Mon oncle! mon oncle! un nouveau candidat!

PONTCHARRAT.
Lequel?

HENRIETTE.
M. Grand-Bagout, de la part de M. Cassagnol.

PONTCHARRAT.
Fais-le entrer.

HENRIETTE, *à part.*
Pourvu qu'on ne le reconnaisse pas. (*A la cantonade.*) Par ici, Monsieur, par ici.

(*Grand-Bagout paraît, il boite, porte un gilet blanc à larges revers, un chapeau, forme tyrolienne, en feutre ras, un habit râpé; il salue le bureau et l'assemblée.*)

GRAND-BAGOUT *.
Citoyens, je suis un enfant d'Épernay.

CRÉTINOT.
Le bureau vous invite à monter à la tribune.

GRAND-BAGOUT, *à la tribune.*
Citoyens, ma profession de foi sera courte. Je suis un enfant d'Épernay, mon père est d'Épernay, ma mère est d'Épernay, mes frères sont d'Épernay, et je ne crains pas de le dire, dussé-je m'aliéner vos suffrages. (*Avec énergie.*) Citoyens, toute ma famille est d'Épernay!

UN INVITÉ, *ne pouvant contenir son enthousiasme.*
Bravo!

GRAND-BAGOUT.
Je ne m'expliquerai pas davantage sur mes antécédents politiques. Je n'ajouterai plus qu'un mot... ma position de fortune est indépendante... J'accepterai les vingt-cinq francs.

TOUS.
Très bien! très bien!

PONTCHARRAT.
Cette déclaration fait honneur à vos sentiments. Quelqu'un a-t-il des interpellations à adresser au candidat?

CRÉTINOT, *étendant le bras.*
Je demande la parole.

PONTCHARRAT, *saisissant le bras de Crétinot et gesticulant avec lui.*
Citoyens, je ne saurais trop vous engager à diriger principalement vos questions sur la constitution que nous sommes appelés à nous donner.

CRÉTINOT.
C'est précisément là-dessus...

PONTCHARRAT.
Parlez.

* Tout le rôle doit être nazillé.

CRÉTINOT.

Je demanderai l'opinion du candidat sur la suppresion des bonnets à poil... et sur le divorce.

GRAND-BAGOUT.

Citoyens, j'ai pour habitude d'aborder de front les questions. On me demande mon opinion sur la suppression des bonnets à poil et sur le divorce. Je répondrai que l'agriculture est la plus noble des professions... Si j'arrive à la Chambre, je me ferai le représentant de la race ovine, bovine et chevaline. Je crois avoir suffisamment répondu à l'interpellation qui m'était adressée.

CRÉTINOT.

Permettez, vous avez répondu... pour les bonnets à poil!... mais pas pour le divorce.

TOUS.

C'est vrai, c'est vrai!

GRAND-BAGOUT.

Je vais répondre. Citoyens! la marine mérite tout notre intérêt. Je voterai pour un président Vive l'agriculture!

CRÉTINOT.

Voilà ce que je voulais lui faire dire... très bien! très bien!

PONTCHARRAT.

Autre question. Êtes vous républicain?

GRAND-BAGOUT, avec vigueur.

Qu'on m'enlève l'épiderme...

PONTCHARRAT.

Non, je vous demande si vous êtes républicain.

GRAND-BAGOUT.

Eh bien?... (Reprenant.) Qu'on m'enlève l'épiderme et sous cette peau de républicain palpitera toujours une chair républicaine.

(On applaudit avec chaleur.)

PONTCHARRAT, lisant un papier.

Question communiquée. On demande la profession du candidat.

GRAND-BAGOUT.

J'ai quarante ans et je suis chauve.

PONTCHARRAT.

Votre profession?

GRAND-BAGOUT.

Ah! équilibriste.

PONTCHARRAT.

Comment?

GRAND-BAGOUT.

J'ai consacré ma vie à l'équilibre des intérêts sociaux.

PONTCHARRAT, bas à Crétinot.

Socialiste..

GRAND-BAGOUT, continuant.

J'ai consacré ma vie au triomphe de cette formule : l'homme doit vivre en se reposant. Je pose donc un principe! celui qui travaille...

PREMIER PAYSAN.

Est un feignant.

GRAND-BAGOUT.

Vous rendez parfaitement ma pensée.

SECOND PAYSAN.

Ah ça! si personne ne travaille, qui est-ce qui labourera la terre?

GRAND-BAGOUT.

J'attendais cet argument. Nous aurons des machines.

TROISIÈME PAYSAN.

Et pour les vendanges?

GRAND-BAGOUT.

Des machines?

UNE PAYSANNE.

Et pour les enfants?...

GRAND-BAGOUT.

Des machines!

DEUXIÈME PAYSAN.

Et qu'est-ce qui fera les machines?

GRAND-BAGOUT.

D'autres machines. La terre ne sera plus qu'une grand famille de machines qui s'engendreront les unes par les autres et de cette façon... je serai très clair. (Avec volubilité.) En combinant les divers éléments de la production régénérés par les bienfaits de l'association et fonctionnant sous la pression permanente de l'État dont l'impulsion vivifiée par la solidarité garantielle se rattache essentiellement aux intérêts de l'agriculture, nous touchons à la solution du grand problème...

TOUS, avec enthousiasme.

Bravo! bravo! bravo!

GRAND-BAGOUT, avec modestie.

Je suis clair, voilà tout.

TOUS.

Très bien! très bien! vive le candidat!

(Grand-Bagout descend de la tribune au milieu des félicitations de l'assemblée, et Crétinot lui serre la main avec effusion.)

PONTCHARRAT.

Vous avez été d'une lucidité...

CRÉTINOT.

Surtout à la fin.

GRAND-BAGOUT.

Permettez-moi de vous distribuer quelques brochures. (En remettant une à Crétinot.) Projet non réalisé (A un paysan.) Projet à réaliser. (A un autre.) Projet en voie de réalisation. (Remettant une petite bouteille à Pontcharrat.) Projet... Ah! non, ça, c'est du vulnéraire suisse... J'en tiens aussi.

PONTCHARRAT.

Veuillez vous retirer un moment. Nous allons délibérer sur votre candidature.

GRAND-BAGOUT.

J'ose espérer...

TOUS.

Vive le candidat! vive le candidat!

AIR : Par maints détours. (Existence décolorée.)

Oui, notre choix
S'arrête
Sur sa tête.

Cette fois,
Nous donnons tous nos voix !
Quel éclat,
Un pareil candidat
Jett'ra sur le char de l'État.
(*Grand-Bagout sort par la gauche en boitant en mesure sur l'a r du chœur.*)

SCÈNE XV.
LES MÊMES, *moins* CASSAGNOL, GONDINET *arrivant essouflé*.

GONDINET, *entrant par le fond.*

Ouf ! ce cheval est d'un dur !

PONTCHARRAT.

Gondinet ! Eh bien !

GONDINET.

Eh bien ! J'ai encore rencontré la veuve Tropical... cette femme ne me lâchera pas... elle me moucharde... avec ses yeux en amande... mais j'ai piqué des deux et je suis arrivé chez M. Grand-Bagout, il ne viendra pas...

PONTCHARRAT.

Ah bah !

GONDINET.

Il se purge.

PONTCHARRAT.

Allons donc !

GONDINET.

J'en ai la preuve.

PONTCHARRAT.

Mais nous venons de l'entendre... à l'instant... c'est Cassagnol qui...

GONDINET.

Encore !

PONTCHARRAT.

Ça lui en fait deux, tandis que toi...

GONDINET.

Ça suffit, je renfourche le cheval du brigadier... bien qu'il soit d'un dur !... et je cours chercher le général Chauvinancourt.

PONTCHARRAT.

Dépêche-toi. Le club s'impatiente.

GONDINET.

Je pars comme une flèche et je reviens comme une balle. (*Il sort vivement.*)

SCÈNE XVI.
LES MÊMES, *moins* GONDINET, LE MONSIEUR *dans la salle.*

PONTCHARRAT, *à part.*

Ah ça ! qu'est-ce que je vais leur dire pour leur faire prendre patience. (*Haut.*) Citoyens...

PREMIER PAYSAN.

Je demande la parole pour m'en aller.

TOUS.

Oui, oui.

Cr., G., P.

PONTCHARRAT.

Je ne vous demande qu'une petite demi-heure.

TOUS.

Non, non.

PONTCHARRAT.

Nous attendons le général Chauvinancourt, un vieux débris... qui ne peut tarder... Crétinot va vous lire quelques pages...

TOUS.

A bas ! à bas !

LE MONSIEUR, *dans la salle, reparaissant.*

Ah ! j'ai bu ma choppe ! (*Aux acteurs.*) Dites donc, vous ne savez pas la nouvelle ?

PONTCHARRAT.

Encore ce Monsieur !

LE MONSIEUR.

Il paraît que l'empereur de Russie a proclamé la république.

TOUS

Ah bah !

LE MONSIEUR.

On le crie dans les rues... je viens d'acheter le journal *la Vérité !*.. je ne l'ai pas encore lu, mais voilà l'article... (*Lisant.*) « Pétersbourg. Nous tenons de source certaine, qu'à la suite d'un festin, Sa Majesté l'Empereur de Russie, ne pouvant maîtriser son enthousiasme, a porté un toast à la République... »

TOUS.

Ah ! ah !

LE MONSIEUR.

A la république des lettres.

TOUS.

Ah ! allons-nous-en ! allons-nous-en !

PONTCHARRAT.

Citoyens, à vos places...

TOUS.

Non ! non !

PONTCHARRAT, *agitant sa sonnette.*

Je vais me couvrir.

DEUXIÈME PAYSAN.

Couvrez-vous, qu'est-ce que ça nous fait ?

TROISIÈME PAYSAN.

Levez la séance !

UNE PAYSANNE.

Ou faites-nous danser.

PONTCHARRAT.

En place, citoyens, en place !

TOUS, *entourant l'orchestre, et très animés.*

Nous voulons danser ! nous voulons danser !

PONTCHARRAT, *à part.*

Il n'y a que ce moyen. (*Haut.*) Eh bien !.. en place pour la contre-danse !

TOUS

Ah ! bravo ! bravo ! (*Ils se placent. Pontcharrat prenant un violon, Crétinot, un ophycléide qui sont accrochés au mur derrière l'orchestre, préludent.*)

LE MONSIEUR.

Comment ? ils vont danser, je demande la parole.

PONTCHARRAT.

La chaîne anglaise (*La danse commence.*)

LE MONSIEUR.

Eh bien ? les voilà partis ! Ah ! ce club !.. (*Les haranguant pendant qu'ils dansent.*) Citoyens !.. c'est pour une motion d'ordre... au nom de votre dignité... (*L'orchestre fait un couac.*) Cristi ! que c'est faux !

PONTCHARRAT.

Balancez vos dames !

LE MONSIEUR.

Je m'étonne, que dans des circonstances aussi... quand il s'agit des intérêts de...

PONTCHARRAT.

Les quatre-z-autres.

LE MONSIEUR.

Ah ! ce club ! Quand il s'agit... cristi ! que c'est faux ! (*La danse continue.*) Je proteste contre ces saturnales ! je proteste...

SCÈNE XVII.

LES MÊMES, CASSAGNOL, *bruit à la porte.*

BUFFETERY.

On me passera plutôt sur le corps !

CASSAGNOL, *sous le nom de Chauvinancourt.*

Ouvre les rangs, pékin. (*Les danseurs et danseuses se rangent sur les côtés. On aperçoit Chauvinancourt, costume de vieux grognard, caricature, il a une cravache à la main.*)

CHAUVINANCOURT.

Ah çà ! se moque-t-on de moi. On me demande pour un club et je tombe au milieu d'un bastringue.

LE MONSIEUR, *de la salle.*

Très bien !.. très bien ! nous protestons contre ces saturnales. (*Pontcharrat est descendu de l'orchestre avec Crétinot.*)

PONTCHARRAT, *à Chauvinancourt.*

Permettez... qui êtes-vous ?

CHAUVINANCOURT, *très brusque.*

Taisez-vous.

CRÉTINOT.

Mais c'est le président.

CHAUVINANCOURT, *de même.*

Taisez-vous. Je suis le général Chauvinancourt.

PONTCHARRAT.

Ah ! nous vous attendions... si vous voulez monter à la tribune..

CHAUVINANCOURT, *de même.*

Je suis bien là, je veux rester là, je ne monte pas sur les planches, je ne suis pas un paillasse, corbleu !

Cr., Ch., P.

CRÉTINOT.

Cependant, l'usage...

CHAUVINANCOURT, *de même*

Taisez-vous !.. voici ma profession de foi et silence dans les rangs. (*Il tousse et relève sa moustache.*) Hum !.. (*Parlant à droite.*) Tas de pékins ! vingt-six blessures ! trente campagnes ! quarante ans de service ! voilà ! crrrrr !..

TOUS.

Bravo ! bravo !

CHAUVINANCOURT, *même feu.*

Hum !.. (*Parlant à la gauche.*) Tas de pékins ! vingt-six blessures ! trente campagnes ! quarante ans de services ! voilà ! crrrrr !

LE MONSIEUR.

C'est la même chose... vous l'avez déjà dit.

CHAUVINANCOURT.

Taisez-vous !.. mon nom est inscrit sur les Pyramides, on peut s'en assurer...

CRÉTINOT.

Comment cela ?

CHAUVINANCOURT.

En y allant... j'étais à Aboukir... c'est là que j'ai eu le malheur de perdre mon bras droit. (*Un geste.*)

PONTCHARRAT, *examinant son bras.*

Comment ! vous avez perdu ?.. Ah ! celui-là est bien imité.

CHAUVINANCOURT.

Mon bras droit s'appelait alors le capitaine Franbichon... un brave dont je dus consoler la veuve... pendant six mois ; elle me couronna de myrthes...

LE MONSIEUR, *à part.*

Polisson !

CHAUVINANCOURT.

Puis elle me planta là pour un mameluck ; j'en fus navré : mais bientôt la victoire en chantant effaça ces souvenirs.

LE MONSIEUR.

Je demanderai l'opinion du candidat sur l'assiette de l'impôt.

CHAUVINANCOURT.

Vous m'ennuyez ! crrrrr ! (*Reprenant.*) J'entrai dans la cavalerie, nous avions des culottes de peau. Un soir, c'était après Marengo, le pain manqua, nous mangeâmes nos culottes.

PONTCHARRAT.

Mais le lendemain, vous n'étiez pas couverts.

CHAUVINANCOURT.

Nous étions couverts de lauriers ! ce costume plaît aux belles.

TOUS.

Très bien ! très bien !

LE MONSIEUR.

Je demanderai l'opinion du général sur l'assiette.

CHAUVINANCOURT.

Vous m'ennuyez !.. crrrrr ! à Austerlitz, un

beau matin, Napoléon me dit : Chauvinancourt, prends vingt hommes et mouche ces canons, j'en pris huit et pst !... les canons furent mouchés. C'est là que j'eus le malheur de perdre mon second bras droit... Un brave dont je dus consoler la veuve ; je l'adorais... Nous nous séparâmes pour un coup de cravache que je lui sanglai vaguement sur le râble.

CRÉTINOT ET PONTCHABRAT.
Comment !

CHAUVINANCOURT.
Oui, j'ai toujours battu les femmes... C'est une de mes friandises !.. *(Remontant et passant la revue des assistants, les mains derrière le dos.)* Maintenant vous me connaissez, faites-moi des questions et si elles ne sont pas trop bêtes, j'y répondrai.

LE MONSIEUR.
Ah ! enfin !... Êtes-vous pour un président ?

CHAUVINANCOURT.
Citoyens ! je suis un vieux soldat... un président... ça me botte...

LE MONSIEUR.
Combien de chambres ?

CHAUVINANCOURT.
Quatre !

LE MONSIEUR.
C'est un appartement complet.

CHAUVINANCOURT.
Je veux que le gouvernement soit bien logé.

PONTCHABRAT.
Que pensez-vous de l'organisation du travail ?

TOUS.
Ah ! ah !

CHAUVINANCOURT.
Citoyens, je suis un vieux soldat... l'organition, ça me chausse...

LE MONSIEUR.
Mais encore...

CHAUVINANCOURT.
Nourri dans les camps, élevé dans les camps, grandi dans les camps !...; Vingt-six blessures ! trente campagnes !... quarante ans de services ! je suis républicain, j'ai servi l'Empereur, j'aime l'Empereur, vive l'Empereur !

TOUS.
Vive l'Empereur ! Vive l'Empereur !

LE MONSIEUR, *avec force*.
Citoyens ! citoyens !... vous vous trompez... vous criez vive l'Empereur !

PONTCHABRAT.
Eh bien ?

LE MONSIEUR.
Nous sommes sous la République, c'est vive la République !

CRÉTINOT.
Oh ! c'est un carliste !

TOUS.
A la porte ! à la porte !

LE MONSIEUR, *à part*.
Ah ça ! est-ce que je serais tombé dans un club de bonapartistes? *(Haut.)* Permettez.

TOUS.
A la porte ! à la porte !

LE MONSIEUR.
Eh bien ! soit... je sors !.. Mais je sais ce qu'il me reste à faire.*(A part.)* Je vais les faire empoigner... où y a-t-il de la mobile ? Je vais demander à l'ouvreuse. *(Il sort.)*

SCÈNE XVIII.
LES MÊMES, *moins* LE MONSIEUR.

PONTCHABRAT.
Ce n'est pas malheureux... Il est insupportable ce Monsieur... *(Tirant sa montre.)* Deux heures ! citoyens, la séance est levée.

TOUS.
Ah ! enfin !..

CHŒUR DES INVITÉS.
AIR : *Pour notre grande affaire.* (Existence décolorée.)

De not' planton civique
Puisqu'on nous r' lève enfin,
Noyons la politique
Au cabaret voisin.

PONTCHABRAT.
Surtout, n'oubliez pas
Dans une heur'... le repas.

CRÉTINOT.
Le contrat sera prêt
En mêm' temps que l' banquet.

ENSEMBLE.
De not' planton civique, etc...

(Les paysans et Crétinot sortent par le fond. Cassagnol a été prendre Henriette à la porte de gauche, et fait un tour de valse avec elle, dans le mouvement du chœur continué à l'orchestre.)

SCÈNE XIX.
CASSAGNOL, PONTCHABRAT, HENRIETTE,
puis GONDINET, *puis* LE MONSIEUR.

CASSAGNOL.
Tra la, la, la ..

PONTCHABRAT.
Général !... général !

GONDINET, *entrant*.
Ah ! je viens de chez le général Chauvinancourt... il ne viendra pas.

PONTCHABRAT.
Ah bah !

GONDINET.
Il met son vin en bouteilles.

PONTCHABRAT, *démasquant Cassagnol.*
Mais le voici, le général !

CASSAGNOL, *ôtant sa perruque et ses moustaches.*
Il n'y a plus de général, cher oncle .. il n'y a plus qu'un neveu, un amoureux, brûlant de voir couronner ses feux.

PONTCHABRAT ET GONDINET.
Cassagnol !

*C., H., P., G.

CASSAGNOL.

Je vous avais promis trois candidats, si vous êtes content de la fourniture... (Il prend la main d'Henriette.) signez la quittance.

PONTCHARRAT.

La quittance?.. ah! tu t'es moqué de moi et tu crois... Gondinet a pris hypothèque, voilà mon neveu, je n'en veux pas d'autre*.

CASSAGNOL.

Vieux Metternich!..

HENRIETTE

Mais... mon oncle!..

GONDINET, *d'un air honteux et contrit.*

Je demande la parole... je ne peux plus épouser votre nièce...

PONTCHARRAT, HENRIETTE ET CASSAGNOL.

Comment? (*Ils se rapprochent.*)

GONDINET.

Voici pourquoi.. (*S'interrompant, et à Pontcharrat.*) Faites éloigner la petite (*Henriette remonte.*) Voici pourquoi... (*s'interrompant.*) faites éloigner le petit... (*Cassagnol rejoint Henriette.*)

GONDINET.

Voici pourquoi... Éloignez-vous aussi... (*Se ravisant.*) Ah! non!.. Je viens de rencontrer la veuve Tropical... (*Il lui parle à l'oreille.*)

PONTCHARRAT.

Ah! mon Dieu.

CASSAGNOL.

Voilà pourquoi je ne peux plus épouser votre nièce.

PONTCHARRAT, *à part.*

Tout est perdu. (*Haut.*) Cassagnol, je me ravise, nous signerons le contrat ce soir.

CASSAGNOL, *redescendant avec Henriette.*

Des lampions! des lampions! (*Il embrasse Henriette.*)

TOUS, *répètent.*

Des lampions!...

CHOEUR.

AIR de *l'École buissonnière.*

On le sait, souvent l'amour,
A servi la politique;
La politique, à son tour,
Pour cette fois sert l'amour!

(*Cassagnol s'avance vers le public, et commence le couplet final.*)

CASSAGNOL.

AIR :

Ce soir, Messieurs, à votre tribunal.

LE MONSIEUR, *dans la salle, à Cassagnol.*

Pardon, Monsieur!

CASSAGNOL.

Monsieur?

LE MONSIEUR.

Ah ça! farceur! c'est donc une comédie que vous jouez là?

CASSAGNOL.

Oh!... une pochade.

LE MONSIEUR.

Le commissaire m'a dit une comédie.. allez, continuez, faites-moi rire.

(*Cassagnol recommence le couplet au public.*)

* C., B., P., G.

CASSAGNOL, *au public.*

AIR :

Ce soir, Messieurs, à votre tribunal...

LE MONSIEUR, *se relevant.*

Pardon, Monsieur... est-ce que la pièce est finie.

CASSAGNOL.

Oui.

LE MONSIEUR.

Ah! diable! c'est que je n'y ai rien compris... auriez-vous l'obligeance de la recommencer?

CASSAGNOL.

Ce soir?

LE MONSIEUR.

S'il vous plaît?

CASSAGNOL.

Il est trop tard... revenez demain... qu'est-ce que vous faites demain?

LE MONSIEUR.

Je vais voir les travaux du Champ-de-Mars.

CASSAGNOL.

Où ça?

LE MONSIEUR.

Eh bien! au Champ-de-Mars.

CASSAGNOL.

Farceur!.., (*Le Monsieur fait une fausse sortie.*) Eh bien! vous vous en allez?.. vous n'écoutez pas le couplet au public?

LE MONSIEUR.

Oh! c'est toujours la même chose... je le connais votre couplet... voulez-vous que je vous le chante?

CASSAGNOL.

Ah! oui! je serais curieux... (*Pontcharrat fait un mouvement vers le Monsieur.*) Pardon... c'est que je vois votre président... je crois qu'il voudrait en être.

PONTCHARRAT.

Dame!

LE MONSIEUR.

Allons, vous en serez... nous le chanterons à nous *deusse.*

GONDINET.

Eh bien! et moi?.. pourquoi pas à nous *troisse*...

CASSAGNOL.

A nous quatre, alors.

LE MONSIEUR.

Allons-y!

AIR :

Ta di da da... indulgent tribunal,
Ta di da da... un arrêt trop sévère...
(*A Pontcharrat, parlé.*) A vous!

PONTCHARRAT.

Ta di da da... toujours impartial,
Ta di da da... la faveur du parterre.
(*A Gondinet, parlé.*) A vous!

GONDINET.

Ta di da da... le pauvre auteur,
Ta di da da... son espérance..

LE MONSIEUR, *à Cassagnol, parlé, avec âme.*

La fin.

CASSAGNOL.

Ta di da da... sa frayeur,
Ta di da da... espoir flatteur,
Ta di da da... votre indulgence.

TOUS.

REPRISE.

Ta di da da... sa frayeur, etc.

FIN.

LAGNY. — IMPRIMERIE DE GIROUX ET VIALAT.

EN VENTE, CHEZ LE MÊME ÉDITEUR

L'Atelot	Mariage du Cousin de Paris	La Charbonnière	Tapiale
Moitié de Femme	Veille du Mariage	Le Code des Femmes	Deux Loups de mer
Charles Quint	Paris blagué	On demande des Professeurs	Opea
Vicomte de Létorières	Un Ménage Parisien	Le Pot aux Roses	Le Cousin de Berthe
Les Fées de Paris	La Bonbonnière	La Grande et la Petite Bourse	La Filleule à Nicot
Pour mon Fils	Adrien	L'Enfant de la Maison	Les Charpentiers
Ancienne	Pierre le millionnaire	Riche d'Amour	Mademoiselle Faribole
Les Jolies Filles de Stilberg	Carlo et Carlin	La Comtesse de Noranges	Un Cheveu Blond
L'Enfant de Chœur	Le Moyen le plus sûr	L'Amiante	La Recherche de l'Inconnu
Le Grand Patatin	Le Papillon Jaune et Bleu	La Gloire et le Pot-au-Feu	Les Impressions de ménage
La Tante mal gardée	Polka en Province	Les Pommes de terre malades	L'Homme aux 60 mille ans
Les Circonstances atténuantes	Une Séparation	La Marchand de Marrons	Pierrot Posthume
La Chasse aux Vautours	Oncle Dagobert	Vit ce qui vient à paraître	La Dieme
Les Batignolles	Frère Gelâtre	La Loi salique	Une Existence décolorée
Une Femme sous les Scellés	Nicaise à Paris	Nuage au Ciel	Elle... ou il Mort
Des Aides de Camp	Le Troubadour Omnibus	L'Eau était Fée	Dieu l'honnête homme
La Maria d'agent	Un Mystère	Bonneaffaire	L'Enfant de quelqu'un
Chez un Garçon	Le Billet de faire-part	Mari-gras	Les Chroniques breloques
Jaket's Club	Polcinella	Le Retour du Concert	Hayden ou le Secret
Mérovée	Florina	Le Mari perdu	L'Art de ne pas donner
Les deux Couronnes	La Sainte-Cécile	Dieux de l'Olympe	l'Étrennes
Au Croisement d'Argent	Follette	Le Carillon de Saint-Mandé	Pif
Le Château de la Roche-Noire	Deux Filles à marier	Genève en 77	La Tireuse de Cartes
Mon Illustre Ami	Monseigneur	Mademoiselle ma Femme	La Nuit de Noël
Le premier Chapitre	A la Belle Étoile	Mal un payé	Christophe le Cordier
Talma en congé	Un Ange tutélaire	Mort civilement	La Rose de Provins
L'Omelette Fantastique	Le Jour de Liberté	Veuve de quinze ans	Les Barricades de 1848
La Dragonne	Wallace	Garde-Malade	A Franci! ou sinon !
La Sœur de la Reine	L'Écolier d'Oxford	Fruit défendu	La Fille du Matelot
La Pucelette	L'Oiseau du Bocage	Un Cœur de Grand Mère	Les deux Pompadour
La Poste	Paris à tous les Diables	Nouvelle Clarisse	Feu en place
La Maîtresse anonyme	Une Averse	Place Ventadour	Les Filles de la Liberté
Les Informations conjurales	Madame de Cerigny	Nicolas Poulet	Hercule Bolbonnais
Le Loup dans la Bergerie	Le Fiacre et le Parapluie	Rock et Lui	Don Quichotte
D'Hôtel de Rambouillet	Morale en action	Le Protégée sans le savoir	L'Académicien de Pommier
Les deux Impératrices	Liberté Liberté	Une Fille Terrible	Ah! Papa
La Caisse d'Épargne	L'Île du Prince Toutou	Le Planète à Paris	Le Marquis d'Ambre
Thomas de Regent	Mimi Pinson	L'Homme qui se cherche	Un Gentilhomme campagnard
Dernière l'Alcôve	l'Article 330	Notre-Dame de la Comédie	Les Peintres
La Villa Duflot	Les deux Viveurs	Le Locaro	Le Chevalier de Beauvoir
Paroline	Les deux Pierrots	Ne touchez pas à la Reine	Le Gentilhomme de 1847
La Femme à la Mode	Seigneur des Broussailles	Une année à Paris	La Rue Quincampoix
Les Enterrements d'une Ganse et d'un Parapluie	Un Poisson d'avril	Amour et Biberon	L'Ange et ma Tante
Les deux Anges	Deux Parisiennes	Le Carnaval	La République de Platon
Folligné, coiffeur de Dame	Comme à la Girouette	Bal et Bastringue	
Assurance contre l'Embonpoint	L'Amour dans tous les Quartiers	Un Bouillon d'onze heures	
Don Pasquale	Madame Butelin	Cour de Bibareck	
Mademoiselle Dejazet au Sérail	Paul Poncet	D'Aranda	
Touboulic le Gnel	Gameba	Partie à trois	
Hermence	Lendemain Volant	Une Femme qui se jette par la fenêtre	
Les Ganiás	Une Voix	Avocat pedicure	
Entre Ciel et Terre	Agnès Bernes	Trois Paysans	
La Fille de Figaro	Amours de M. Denis	Chasse aux Jobards	
Métier et Quenouille	Porthos	Mademoiselle Grabatoi	
Angélique et Médor	La Pêche aux Beaux-Pères	Père d'occasion	
Loïsa	La Révolte des Marionnettes	Croquignole	
Je crois en famille	Le Troisième Mari	Henriette et Charles	
L'Autre Part du Diable	Un premier Souper	Le chevalier de Saint-Remi	
La Chasse aux Belles Filles	L'Homme et la Mode	Malheureux comme le Nègre	
La Salle d'Armes	Une Confidence	Un Vœu de jeunes Filles	
Une Femme compromise	Le Ménétrier	Secours contre l'Incendie	
Patineau	L'Almanach des 25,000 adresses	Chapeau gris	
Madame Roland	Une Histoire de Voleurs	La Lyrebée du Luxembourg	
L'Esclave de Camoëns	Les Murs ont des oreilles	Homme Sanguin	
Les Réparations	L'Enseignement Mutuel	La Fille obéissante	

En vente, chez le même Éditeur

THÉÂTRE COMPLET DE MADAME ANCELOT

QUATRE VOLUMES IN-8

Superbe édition ornée de vingt gravures sur bois par M. Raffet
Et de vingt têtes d'expression lithographiées

LES DESSINS SONT DE MADAME ANCELOT

PRIX : 20 FRANCS.

www.ingramcontent.com/pod-product-compliance
Lightning Source LLC
Chambersburg PA
CBHW060601050426
42451CB00011B/2026